LA NOUVELLE LOI

SUR

L'INSTRUCTION PRIMAIRE

ET LES

CULTES NON-CATHOLIQUES

RAPPORT

PRÉSENTÉ AU SYNODE RÉGIONAL OFFICIEUX RÉUNI A NANTES

LE 6 OCTOBRE 1881

par D.-H. MEYER

Président du Consistoire de Pouzauges

(L'impression de ce rapport a été votée aux frais du Synode)

PARIS

LIBRAIRIE J. BONHOURE ET Cie

48, RUE DE LILLE, 48

LA NOUVELLE LOI

SUR

L'INSTRUCTION PRIMAIRE

ET LES

CULTES NON-CATHOLIQUES

RAPPORT

PRÉSENTÉ AU SYNODE RÉGIONAL OFFICIEUX RÉUNI A NANTES

LE 6 OCTOBRE 1881

par D.-H. MEYER

Président du Consistoire de Pouzauges

(L'impression de ce rapport a été votée aux frais du Synode)

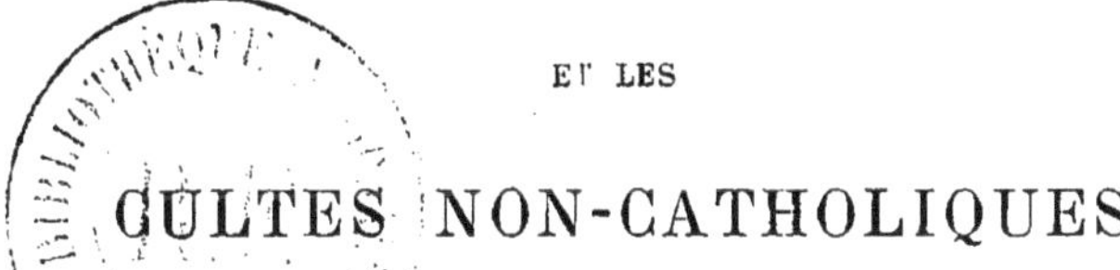

PARIS

LIBRAIRIE J. BONHOURE ET Cie

48, RUE DE LILLE, 48

LA NOUVELLE LOI

SUR

L'INSTRUCTION PRIMAIRE

ET LES

CULTES NON-CATHOLIQUES [1]

MESSIEURS,

J'examinerai la grande question dont votre bureau m'a chargé d'introduire la discussion, uniquement par le côté pratique. En effet, nous ne sommes point ici pour disserter, mais pour prendre des résolutions d'un caractère pratique, — pour déterminer les devoirs que nous crée la réforme de l'instruction primaire qui est en voie de s'accomplir.

Je viens de lire l'intéressante brochure de M. le pasteur J. Bastide sur *l'Instruction religieuse et la nouvelle loi sur l'Instruction primaire.* M. Bastide nous invite à compter surtout sur nous-mêmes pour pourvoir à l'instruction religieuse de notre jeunesse protestante. Rappeler aux familles leurs devoirs par des prédications, des visites et des brochures bien faites, — développer et compléter nos cours d'instruction religieuse pour les rendre à la fois plus attrayants et plus efficaces, — utiliser les travaux des savants spé-

(1) Le sujet que j'avais mission d'introduire était celui-ci : l'*Instruction religieuse dans l'école laïque.*

cialistes sur l'histoire des nations limitrophes du peuple d'Israël, — joindre à l'histoire sainte ainsi entendue une étude sérieuse du Nouveau Testament, en vue de donner à nos enfants une forte culture évangélique, — ajouter à cette étude complète des Écritures de l'Ancien et du Nouveau Testament un aperçu de l'histoire des premiers siècles de l'Église, de celle des grands missionnaires, de celle de la Réformation et des protestants de France, — compléter le tout, lors du catéchuménat, par une claire exposition de la religion chrétienne dans ses vérités et dans sa morale, — créer, en vue de l'instruction religieuse de notre jeunesse, toute une série de bons livres de classe en qui les pasteurs puissent trouver d'utiles auxiliaires, — développer et faire prospérer les écoles du dimanche, — former des instituteurs protestants instruits et pieux qui pourraient, par la bonne volonté de l'Administration supérieure, être placés dans nos centres protestants, — instituer au besoin des écoles libres là où nous rencontrerions au sein de l'école communale une hostilité libre-penseuse ou cléricale, — tels sont les conseils en eux-mêmes excellents (sauf peut-être quelques détails) que nous donne M. J. Bastide. Nul ne saurait le contester, la prudence nous commande de compter avant tout sur nous-mêmes et sur les réformes que nous pourrons réaliser par notre seule énergie, par nos seules ressources, par nos seuls efforts, avec l'aide et le secours fidèle de Celui qui a dit : « Prenez garde de mépriser un seul de ces petits ! »

Toutefois, Messieurs, nous ne saurions oublier que nous sommes une Église concordataire. Sans doute, nos Synodes officieux ne sont pas en situation de faire ce que ferait en semblable occurrence un Synode officiel. Mais des faits récents prouvent que le Gouvernement n'affecte nullement de les ignorer, que leurs décisions ont à ses yeux une réelle valeur comme manifestation de l'opinion de nos Églises. La convocation du Synode général officieux est une occasion unique qui se présente de faire connaître le sentiment de nos Églises sur la situation que leur créerait la loi, si elle devenait définitive, sur l'instruction primaire qui attend encore la sanction du Sénat.

Or, Messieurs, il est une disposition de la nouvelle loi sur l'instruction primaire qui vise directement nos Églises. L'article 3 de la nouvelle loi abroge le paragraphe 2 de l'article 31 de la loi du 15 mars 1850, qui est ainsi conçu : « *Les Consistoires jouissent du droit de présentation pour les instituteurs appartenant aux cultes non catholiques.* »

Je suis obligé de reconnaître que ce paragraphe de l'article 31 de la loi de 1850, relatif au droit de présentation des Consistoires, contient certaines expressions qui, pour peu qu'on en presse le sens, peuvent paraître malsonnantes aux partisans de l'instruction laïque, et je comprendrais que la nouvelle loi restreignît la portée de cette disposition de la loi de 1850, relative au droit de présentation des Consistoires.

Mais, Messieurs, ce qui semble impossible, — radicalement, absolument impossible, — c'est que nos Églises acceptent la suppression absolue du droit de présentation des Consistoires, — dans une loi qui n'a pas la prétention d'être et qui n'est pas une loi de laïcisation du personnel de l'instruction primaire, mais une loi de laïcisation des programmes.

La nouvelle loi sur l'instruction primaire laisse en droit et en fait les cadres de l'instruction publique ouverts aux congréganistes catholiques. En effet, alors qu'elle abolit le paragraphe 2 de l'article 31 de la loi de 1850, elle laisse subsister *intégralement* le paragraphe 1 de ce même article, qui est ainsi conçu : « Les instituteurs communaux sont nommés par le Préfet du département et choisis soit sur une liste d'admissibilité et d'avancement dressée par le Conseil départemental, *soit sur la présentation qui est faite par les supérieurs pour les membres des associations religieuses vouées à l'enseignement et autorisées par la loi ou reconnues comme établissements d'utilité publique.* »

La dernière clause de ce paragraphe vise directement, spécialement, exclusivement, les associations religieuses *et leurs supérieurs.* Elle implique pour les membres de ces associations le droit d'entrer comme tels dans l'enseignement public. Elle institue des rapports légaux entre les supérieurs de ces congrégations et l'Administration de l'enseignement public.

Ainsi la nouvelle loi admet que l'instruction laïque peut être donnée par des instituteurs qui ont avec le culte catholique des attaches étroites et évidentes pour tous, — qui doivent une obéissance passive, absolue, au chef du catholicisme et à ses représentants, — que leurs vœux obligent apparemment à soutenir les doctrines de la religion catholique et à prendre ses intérêts.

Et au même moment, on nous ôte, par la suppression immédiate et complète du droit de présentation des Consistoires, la faculté de posséder dans la France entière *un seul* instituteur protestant *reconnu comme tel par la loi.*

Il y a là, Messieurs, une injustice manifeste, une

violation scandaleuse du principe de l'égalité devant la loi des cultes reconnus par la loi, — et cela au détriment d'une minorité disséminée, placée à tous égards dans des conditions d'existence difficiles.

On nous dit (M. Buisson me l'a dit à moi-même) : « Mais nous ne demandons qu'à avoir un grand nombre d'instituteurs protestants ! »

Je suis prêt à le croire. — Mais dès l'instant où tout droit de présentation des Consistoires est aboli, — l'Administration pourra parfaitement placer, dans nos centres évangéliques, des instituteurs protestants de naissance, il est vrai, — mais protestants incrédules, libres-penseurs, — et, comme tels, ne nous offrant, au point de vue religieux, aucune des garanties que les congréganistes offrent au culte catholique.

Au surplus, les intentions personnelles de M. le Directeur de l'Instruction primaire et de M. le Ministre même n'ont, dans le cas dont il s'agit, qu'une importance secondaire. Les Ministres passent, les textes de loi restent, et si nous laissons inscrire dans la loi des dispositions manifestement injustes, nous trahirons les intérêts de nos Églises, nous sacrifierons les droits de ces petits que Jésus-Christ recommande d'une manière toute spéciale à notre sollicitude.

On dira : « Mais il est inutile de réclamer : toutes les réclamations seront vaines ! »

Parler ainsi, ce serait montrer bien peu de confiance en Dieu. Sans doute, si on se coupe à soi-même les bras par son incrédulité, on n'aboutira à rien. Mais l'expérience ne montre-t-elle pas que, selon la parole de Jésus, la foi transporte les montagnes, triomphe des obstacles, et que ce n'est jamais complétement en vain que l'on défend une cause juste ?

Dans le cas particulier dont il s'agit, — bien des indices attestent que l'insuccès est très loin d'être aussi assuré qu'on veut bien le dire. Vous avez pu voir, Messieurs, qu'à un moment donné, la commission sénatoriale de la loi sur l'instruction primaire, après avoir supprimé le droit de présentation, — était revenue sur sa décision première et avait résolu de maintenir ce droit. M. le Ministre parvint à la faire changer de nouveau d'opinion. Mais, si vous voulez bien lire le passage du rapport de M. Ribière qui a trait à cet objet (1), vous vous convaincrez aisément que M. le Rapporteur lui-même n'était pas bien profondément hostile au maintien du droit de présentation des Consistoires. Au surplus, les arguments qu'il allègue en faveur de la suppression de ce droit n'ont rien de décisif.

M. le Rapporteur dit que les protestants sont divisés sur la question dont il s'agit. Cet argument perdrait singulièrement de sa portée si le Synode général officieux exprimait unanimement le vœu que le droit de présentation fût restreint, si on le juge nécessaire, mais non pas abrogé.

En second lieu, M. le Rapporteur parle des Églises libres qui, en tout cas, ne font pas de présentations d'instituteurs. — Singulier argument, il faut en convenir. Mais vous, législateur, vous avez à vous occuper des Églises concordataires que vous connaissez, et non des Églises libres que vous êtes censé ne pas connaître et qui ne veulent pas avoir de rapports avec vous !

Enfin, en troisième lieu, M. le Rapporteur dit que le

(1) Voir dans les comptes-rendus de la dernière session du Parlement, au *Journal officiel*, Annexes du Sénat, p. 168.

droit de présentation a parfois suscité des difficultés à l'Administration. Soit ! Mais la présence des congréganistes dans les cadres de l'enseignement public ne suscite-t-elle pas aussi des difficultés, et des difficultés bien plus grandes ? Vous maintenez pourtant l'article de la loi qui consacre leur droit de rester dans l'enseignement public !

Des arguments de M. le Rapporteur du Sénat, pas un seul, à ce qu'il m'a semblé, n'est vraiment concluant. Aussi, si je l'ai bien compris, M. le Rapporteur donne-t-il à entendre que c'est par déférence pour la Chambre (et sans doute aussi pour le Ministre) que la Commission sénatoriale s'est décidée, après les tergiversations rappelées plus haut, à sanctionner l'abrogation de notre droit de présentation.

Ainsi, alors que le législateur clérical de 1850 avait senti le besoin, en ouvrant l'enseignement public aux congréganistes, d'instituer, à titre de compensation et au profit des cultes qui n'ont pas de congrégations religieuses, le droit de présentation des Consistoires, le législateur républicain de 1881 rompt, au détriment des plus faibles, cet équilibre que le législateur clérical de 1850 avait établi.

Je crois qu'on peut l'affirmer hardiment : l'Empire lui-même n'aurait jamais osé, dans un même article de loi, maintenir une disposition éminemment favorable au culte catholique et abroger une disposition connexe relative aux cultes non-catholiques.

M. Bastide, sans parler directement de l'article relatif à la suppression du droit de présentation, laisse clairement comprendre qu'il accepte cet article. D'après notre honorable collègue, nous devrions faire passer l'intérêt général avant les intérêts particuliers de nos Églises.

Mais, Messieurs, je ne vois pas que l'intérêt général exige ici le sacrifice des intérêts particuliers de nos Églises.

Ah ! si d'ores et déjà, le principe de la laïcité, — de la laïcité du personnel en même temps que des programmes, — était appliqué à tous égards et à l'égard de tous sans restriction ni réserve, — je comprendrais qu'on vînt nous dire que l'on ne peut pas faire d'exception en notre faveur.

Mais, Messieurs, je l'ai déjà montré, le principe de la laïcité n'est pas appliqué d'une manière complète : les congréganistes conservent leur droit de cité dans l'enseignement public.

Ils y restent en grand nombre. Dans le seul département de la Vendée, il y a 155 écoles dirigées par des congréganistes, hommes ou femmes, et, dans ces écoles, un personnel d'environ 400 maîtres congréganistes, titulaires ou adjoints.

Non seulement les congréganistes restent en grand nombre dans l'enseignement public, mais, selon toute vraisemblance, ils y restent pour longtemps, du moins les congrégations de femmes. Ceux qui disent que l'entière laïcisation du personnel est chose imminente, prennent leurs désirs pour des réalités. Ce n'est pas en un tour de main que l'on arrivera à former un personnel suffisant d'instituteurs et d'institutrices laïques.

Non seulement les congréganistes restent en grand nombre dans les cadres de l'enseignement public et ils y restent pour un temps assez long, mais la législation nouvelle se trouve leur assurer des avantages nouveaux. C'est ainsi qu'en vertu de la loi sur l'instruction primaire, les maîtres-adjoints congréganistes qui restent en fait des congréganistes, mais qui en droit deviennent des laïques, recevront désormais un traitement de 600 ou 700 francs. C'est pour le seul département de la Vendée 150,000 francs des deniers de l'État qui vont rentrer dans les caisses des congrégations. 150,000 francs dans un seul département!

Voilà la situation, Messieurs, pour quiconque ne veut pas se laisser abuser par des mots et de fausses apparences.

Je dis que, dans ces conditions, ceux qui ont la garde des intérêts de nos Églises manqueraient à un devoir évident, si par des démarches respectueuses, énergiques et unanimes auprès de qui de droit, ils ne s'efforçaient pas de conjurer le péril qui nous menace. Non, nous ne devons pas accepter bouche béante et sans mot dire une loi qui créera, parfois, pour nos disséminés, l'obligation de faire donner l'instruction primaire à leurs enfants dans une école pseudo-laïque dirigée par des congréganistes, et qui détruit d'un seul coup l'œuvre si laborieusement poursuivie par nos Églises avec le concours de la Société de l'Instruction primaire.

Nous pouvons accepter l'abolition de l'école confessionnelle, c'est-à-dire de l'école où l'ensemble de l'enseignement est placé sous la haute direction des représentants officiels de la religion. Nous pouvons et nous devons renoncer à toute immixtion dans l'instruction proprement dite de la jeunesse.

Mais nous ne pouvons pas et nous ne devons pas renoncer à conserver, tant que les congrégations restent dans la place, des instituteurs portant *l'estampille officielle* de notre culte et nous fournissant la garantie suffisante que nos enfants ne seront pas placés sous des influences hostiles. Puisque la nouvelle loi admet, en ce qui touche le culte catholique, des mesures transitoires de toute sorte, nous avons le droit et le devoir *absolu* de réclamer une disposition *transitoire* nous garantissant que, jusqu'à l'entière laïcisation du personnel, nous conserverons dans nos centres protestants des instituteurs protestants reconnus comme tels par la loi et présentés pas nos Consistoires.

Il va sans dire que ces instituteurs une fois nommés ne seraient, en tant qu'instituteurs, en aucune mesure sous notre dépendance, ni sous notre direction.

Mais, en dehors des heures de classe, là où les pasteurs, en raison de la dispersion de leurs coreligionnaires, ne peuvent pas atteindre tous les enfants de leur paroisse, ces instituteurs, laïques dans toute l'étendue du mot, mais partageant nos croyances, pourraient, comme par le passé, nous prêter pour l'instruction religieuse de la jeunesse un concours vraiment indispensable.

Messieurs, c'est ici l'avenir et presque l'existence de nos Églises qui sont en jeu. M. Bastide nous dit qu'il faudra exhorter les pères de famille à remplir leurs devoirs de pères chrétiens envers leurs enfants. Sans doute. Mais nous-mêmes nous avons un devoir qui n'est pas celui de demain, mais celui d'aujourdhui. Ce devoir, c'est de faire non pas une partie de ce qui peut être fait, mais tout ce qui peut être fait en toute justice, en toute équité, en toute loyauté, en toute bonne conscience, en vue de sauvegarder les intérêts religieux de notre jeunesse protestante. Des sentiments républicains que je partage avec vous tous ne doivent pas nous empêcher de présenter à qui de droit nos réclamations très respectueuses, mais très énergiques, quand le gouvernement de la République commet à notre détriment une injustice éclatante. Nous servirons plus réellement la République en protestant contre cette injustice, en nous efforçant d'empêcher qu'elle n'acquière force de loi, qu'en l'acceptant sans souffler mot. Il y a manière, il y a moyen de repousser une disposition légale inique sans partir en guerre contre la République et son Gouvernement. Je suis profondément convaincu pour ma part que quiconque défend une cause juste travaille, dans sa petite mesure, pour la République, et que quiconque consent à une chose injuste travaille contre la République.

Nous dira-t-on enfin, Messieurs, que ce qui est alliance et concordat entre l'Église et l'État est chose iujuste en soi, que nous marchons vers la séparation de l'Église et de l'État, qu'il faut nous prêter de bonne grâce à tout ce qui est de nature à la préparer ?

Je répondrai, Messieurs, que nous ne préparerons nullement la séparation de l'Église et de l'État en acceptant — fût-ce à titre provisoire — de faire un vrai métier de dupes. Ceux qui pensent que la séparation de l'Église et de l'État est un principe dont l'application ne comporte ni tempérament, ni ajournement, ont leur devoir tout tracé : c'est de sortir d'une Église concordataire où leur conscience ne leur permet pas de rester.

Mais ceux qui demeurent les mandataires de cette Église ont le devoir absolu de défendre ses intérêts, de maintenir ses droits, de revendiquer énergiquement en sa faveur la stricte application du principe de l'égalité devant la loi des cultes reconnus par la loi. — Je

dis du principe, car c'en est un, et en dehors de ce
principe il n'y a qu'arbitraire ; et accepter, en ce qui
nous concerne, que ce principe soit violé à notre détriment, c'est accepter par avance toutes les illégalités,
toutes les injustices que l'on jugera bon de nous
infliger.

Vinet a dit qu'il n'est jamais permis de sacrifier les
droits d'un tiers. C'est lui aussi, si je ne me trompe, qui
a dit que, lorsqu'il s'agit des autres, il n'est pas permis
d'être chevaleresque, qu'il faut se contenter d'être
juste. Or, Messieurs, dans le cas dont nous nous oc-
cupons, il s'agit des droits d'un tiers, — des droits des
Églises : il s'agit des intérêts des autres, — des intérêts
de notre jeunesse protestante. Je dis que lorsque notre
honorable collègue M. J. Bastide nous conseille de sacrifier à un soi-disant intérêt général, lequel n'est nullement en cause, les intérêts et les droits de nos Églises, il nous conseille de faire une chose que nous
n'avons pas le droit de faire : il nous conseille de faire
ce que ferait un tuteur qui, dans un élan de générosité
chevaleresque, engagerait dans une souscription publique les biens de ses pupilles.

Il est donc infiniment à souhaiter, Messieurs, que la
question scolaire soit examinée par le prochain Synode
général officieux *sous tous ses aspects*, qu'en particulier l'attention du Synode se porte et s'arrête sur la fin
de l'article 3 de la loi nouvelle relatif à la suppression
du droit de présentation des Consistoires, — qu'enfin
un vote explicite et unanime intervienne, et qu'une
Commission déléguée à cet effet par le Synode général
officieux soit chargée de faire connaître à qui de droit,
— à titre officieux, cela va sans dire, — cette impor-
tante manifestation de l'opinion de nos Églises.

Une manifestation de l'opinion des représentants et des mandataires de nos Églises, voilà tout ce que peut amener le Synode général officieux en ce qui touche la disposition de la nouvelle loi sur l'instruction primaire que je me suis attaché à examiner et à critiquer.

Mais cette manifestation aurait son importance, et personne n'est en mesure d'affirmer avec certitude qu'elle resterait sans effets pratiques.

Laval. — Imprimerie et Stéréotypie E. JAMIN, quai d'Avesnières.

www.ingramcontent.com/pod-product-compliance
Ingram Content Group UK Ltd.
Pitfield, Milton Keynes, MK11 3LW, UK
UKHW022255070726
13613UKWH00005B/2305